AF178515

www.tredition.de

Willi Wendland

Mal de dos
„ADIEU"

**Un petit livre sur la santé,
indolore sans médicaments**

www.tredition.de

© 2019 Willi Wendland

© Images et photos: Willi Wendland

Traduit de l'allemand par Elke Sabatin

Edition et impression:

tredition GmbH, Halenreie 40-44, 22359 Hamburg

ISBN
Livre de poche: 978-3-7497-0631-0
Couverture rigide: 978-3-7497-0632-7
Livre électronique: 978-3-7497-0633-4

A propos de l'auteur

Willi Wendland, né le 19 août 1950 en Westphalie orientale.

Je ne fais aucune promesse de guérison, je ne fais que rendre compte de mes années d'expérience avec «la thérapie manuelle douce» SMT® selon Dr. Michael Graulich.

D'après ma propre expérience, je peux dire à quel point la thérapie manuelle douce SMT® influence tout le corps. Dès les deux premiers exercices, je n'avais presque plus de douleurs. Les deux exercices sont la base pour devenir ou rester indolore sans médicaments.

Vous pouvez trouver SMT® Wendland sur:

https://www.smt-wendland.de/

Mon Histoire

Le mal de dos est un thème constant depuis ma jeunesse. J'ai appris le métier de boucher. Mes maux de dos ont augmenté en raison du travail acharné et du fait que je me tenais debout à la table pendant la transformation de la viande.

Quelques années après l'apprentissage, je ne pouvais plus exercer le métier, bien que j'aie fait du sport (jogging, musculation) tous les jours. Malgré la musculation, je n'arrivais pas à maîtriser mes douleurs dorsales.

Sur les conseils de l'agence pour l'emploi, je me suis recyclé. J'ai appris le métier de dessinateur technique génie mécanique, puis d'administrateur de bureau.

Mais mes maux de dos revenaient sans cesse. Grâce à l'entrainement quotidien, à la course, à la musculation et aux médicaments, j'ai pu faire mon travail de commis de bureau.

J'étais responsable de la préparation des commandes dans l'entrepôt de produits chimiques pour la vente. Un matin, je devais apporter deux conteneurs d'acide de 65 kg chacun, au service des ventes, mais je ne suis jamais arrivé.

J'ai pu que soulever un des conteneurs sur un chariot, mais j'ai déjà remarqué une forte douleur dans le dos. Quand j'ai voulu mettre le deuxième conteneur également sur le chariot, je ne pouvais plus le faire. Tout d'un coup, j'étais tout tordu et je ne pouvais plus bouger.

La douleur était presque insupportable, la sueur était sur mon front, les larmes coulaient sur mon visage:

Le nerf sciatique a été pincé d'une manière ou d'une autre.

J'ai dû aller à l'hôpital, j'ai reçu deux injections, mais je suis resté tout croche. La douleur pourrait être un peu soulagée.

Une „**Odyssée**" a commencé, d'un chirurgien orthopédiste à l'autre. D'abord j'ai dû passer une IRM. Là on a diagnostiqué deux hernies discales : un prolapsus L4/L5 et L3/L4 en saillie. Le diagnostic m'a conduit à la clinique Paracelsus d'Osnabrück pendant 6 semaines. A la clinique, ils soupçonnaien encore la polio, car je n'étais pas en bonne santé, malgré les perfusions et les médicaments quotidiens. J'ai été crevé, mais „Dieu merci", la polio a pu être écartée.

Après environ 6 semaines j'ai été libéré. Ils ne pouvaient pas m'aider ici, mais lors de la dernière consultation, le docteur m'a dit que je devrais développer certains muscles avec du sport. En physiothérapie on sait comment il faut faire. Mon médecin de famille recevait un rapport spécial et notait les thérapies de musculation pour moi. Alors je me tenais là avec deux hernies discales et aucune consolation.

Tout a recommencé, sauf que je suis devenu de plus en plus déprimé. Je suis même allé plusieurs fois chez un neurologue, pour faire mesurer mes voies nerveuses, car personne ne pouvait vraiment m'aider. La vie était juste grise. Après environ six mois, je suis allé voir un orthopédiste à Herford.

Il devrait décider une fois de plus si la chirurgie ne serait pas appropriée après tout. Il a dit : «Essayons à nouveau avec des fluides en IV et des injections intervertébrales sous le CT.»

Après la thérapie je n'étais toujours pas hétéro. Mais l'orthopédiste a d'abord suggéré un remède. Je suis donc venu à Bad Sassendorf. Deux jours après mon arrivée, une place à la table du petit déjeuner à côté de moi s'est libérée. Là, quelqu'un, s'est assis à côté de moi, avec le nom de Peter.

Et comme c'est ça, on dit quel genre de problèmes on a. La hanche droite de Peter (acétabulum et tête fémorale) a été rongée par une dysplasie de la hanche. Sur les rayons X on pouvait voir cela exactement. Des parties osseuses manquaient déjà dans l'acétabulum et la tête fémorale n'était pas en bon état non plus.

Jusqu'à aujourd'hui, Peter n'a pas de nouvelle hanche.

Il m'a dit qu'il n'avait en fait aucun problème et aucune douleur, car il corrige toujours sa hanche et son sacrum. J'ai demandé: « Corriger la hanche et le sacrum, qu'est-ce que cela signifie«?

Il m'a expliqué le SMT®, qu'il avait appris avec le Dr. Michael Graulich. Depuis lors, il n'avait plus de douleurs, car il fait ses exercices tous les jours. Je ne pouvais pas croire qu'une telle chose soit possible. Je pensais que j'avais déjà suivi toutes les thérapies, mais aucune ne pouvait m'aider à obtenir un dos droit. La douleur n'était supportable qu'en raison des médicaments.

Lorsque je lui ai raconté mon histoire sur les deux hernies discales, Peter m'a dit: « Tu sais, tes problèmes n'ont rien à voir avec les hernies discales, mais seulement avec les muscles de tes fesses. «

À cause de la tension dans les fesses, qui s'étend vers le haut, tu as une hernie discale. Ceci est causé par des muscles appelés Piriformis et Obturatorius».

Je l'ai regardé et ne comprenais plus le monde.

Puis il m'a expliqué, pourquoi les deux muscles de nos fesses sont responsables.

Ils sont fixés à l'extérieur du trochanter et à l'intérieur du sacrum. Là, le nerf sciatique passe et se bloque. Comme la hanche glisse sans cesse et qu'aucune pression latérale de la vie quotidienne ne peut ramener dans l'acétabule, la musculation apporte d'abord un soulagement. A la longue la tension augmente et le mal de dos s'aggrave. Les hernies discales sont uniquement causées par les muscles tendus des fesses, qui se prolongent vers le haut du dos.

Ce qu'il a dit était tout à fait logique, mais je ne pouvais pas le croire. Il a dit: « Pas de problème. Si tu veux redevenir droit et sans douleur, je peux te montrer les deux exercices que je fais plusieurs fois chaque jours ».

J'étais très sceptique, un patient pour m'aider ?

J'ai pris un peu de distance par rapport à cette possibilité, mais il m'a dit : « Willi, j'ai un livre du Dr. Michael Graulich avec moi.

Si tu veux le lire, je te le donnerai. Le livre s'intitule « Les miracles prennent un peu plus de temps ».

Après avoir lu le livre pendant une journée, j'étais très curieux à propos de ce qui allait suivre. Après le petit déjeuner j'ai demandé à Peter s'il pouvait me montrer les deux exercices. Aussitôt dit, aussitôt fait. Dans la chambre il m'a dit : « Allonge-toi sur mon lit. « Peter m'avait expliqué au préalable ce qu'il allait faire. Je devais garder mes chaussures pour pouvoir voir que mes jambes étaient de longueurs différentes.

Je me suis allongé sur le lit, Peter a repoussé mes talons avec ses pouces et a levé mes jambes. Il a dit : « Regarde la différence de longueur des jambes.« Je n'arrivais pas à y croire, la différence était d'environ 5 à 6 cm. Il a dit: « C'est ton problème. Nous sommes tous nés avec des jambes de la même longueur, mais au cours de la vie, les hanches se déplacent en raison de la position assise quotidienne, du croisement des jambes, de la flexion en dessous de 90 degrés, de l'accroupissement, de la conduite d'une voiture, etc.» Je ne pouvais pas croire ce que Peter m'a dit. « Alors tous les gens ont le même problème,» ai-je dit. « Oui, sauf que personne ne te dit ça. Les médecins le savent aussi, mais ils n'ont pas le temps à consacrer au patient. Seulement trois à cinq minutes, pas plus. Ainsi, les analgésiques sous forme de pilules ou d'injections sont administrés encore et encore et les muscles se développent, c'est plus facile. Cependant, c'est la mauvaise approche, la mauvaise manière, car le problème réel n'est pas résolu. Comme je l'ai déjà dit, la raison pour laquelle nous avons des maux de pied, de genou, de dos, de hanche, d'épaule ou de tête est toujours due à 99% aux muscles des fesses.

Le nerf sciatique traverse le Piriformis et l'Obturatorius et se fait pincer. En conséquence, les muscles se raffermissent, les nerfs sont encore plus coincés et la tension dans les fesses augmente.

La traction des muscles se poursuit vers le haut et vers le bas dans les jambes. Les muscles et le déplacement de toutes articulations qui en résulte jouent un rôle important dans la douleur de l'ensemble du corps.

J'ai été très étonné. Mais en fait, c'est tout à fait logique, sauf qu'aucun thérapeute ou docteur ne me l'a dit auparavant.

Peter a remis les jambes sur le lit et a dit: « La jambe gauche était plus longue, donc tu commences par la jambe droite et tu finis par la gauche».

J'ai demandé : « Comment commencer? Qu'est-ce que tu veux dire par 'comment commencer' ?» « Tu plies la jambe à 90° et tu appuies contre la cuisse. Quand la jambe est abaissée, la pression aide sur la hanche à revenir dans la bonne position. Les deux muscles Piriformis et Obturatorius seront ainsi ramenés à la bonne longueur et le nerf sciatique ne sera pas pincé. Toujours en alternance à droite, à gauche, etc. Tu dois faire cet exercice 4 fois par jour le matin et 4 fois le soir au lit, et aussi souvent que possible dans la journée, je te l'expliquerai plus tard. On peut le faire aussi debout, mais les exercices au lit doivent être faits quotidiennement.»

SMT® „Thérapie manuelle douce"

Dans les années 2003 à 2011, j'ai appris la SMT® 'Thérapie manuelle douce' dans plusieurs séminaires à

Dr. Michael Graulich.

Dr. Michael Graulich est un spécialiste en médecine générale d'Ottobeuren, dans l'Allgäu. Il y a des années, il a appris les bases de la Thérapie manuelle douce SMT® selon Dorn et les a développé. Il a donc intégré la médecine chinoise, les méridiens et la théorie des cercles fonctionnels dans la méthode Dorn.

De même, il a intégré les connaissances des ostéopathes, si bien qu'après quelques années, Dr. Michel Graulich a appelé ce travail également SMT® Thérapie manuelle douce selon Dr. Michael Graulich.

Depuis de nombreuses années, j'aide moi-même les personnes souffrant de maux de dos grâce à cette thérapie selon Graulich.

Les deux exercices du SMT® sont, à mon avis, les plus importants pour devenir ou rester indolore et sont très faciles à appliquer pour tout le monde.

J'explique le premier exercice

Correction de la hanche et de la longueur des jambes

Levez la jambe droite à 90°, jusqu'à ce que votre cuisse soit à peu près horizontale.

Maintenant, appuyez avec votre poing sur la cuisse, directement à l'extérieur, comme décrit sur les photos.

Déplacez la jambe légèrement vers l'extérieur. Maintenant, placez la jambe sur le sol à nouveau à côté de l'autre, de sorte que le pied décrive un petit arc, comme en vélo, jusqu'à ce qu'il soit à nouveau à côté de l'autre pied.

Maintenant, soulevez la jambe gauche, à 90°, et pressez-la contre votre cuisse avec votre poing. Lorsque la jambe est à nouveau abaissée, tournez-la légèrement vers l'extérieur et re-mettez-la à côté de l'autre pied.

Cet exercice est particulièrement recommandé avant et après tout activité sportive, comme le cyclisme, la conduite d'une voiture ou après une position assise pendant de longues périodes, au bureau etc. Dans les cas particulièrement difficiles, il faut le faire après chaque longue séance.

À mon avis, c'est l'exercice le plus important pour que chaque personne soit ou reste en bonne santé.

Je fais cela environ 100 fois par jour.

Notre hanche est tous les jours déplacée ou tirée dans de nombreuses situations de la vie quotidienne. Avec cet exercice nous pouvons la remettre en place comme il se doit pour ramener les muscles Piriformis et Obturatorius à leur longueur normale.

Le problème de l'homme

Nous n'avons pas de muscle dans les fesses qui puisse ramener la hanche à sa place.

Il n'y a pas non plus de pression extérieure dans la vie quotidienne qui corrige à nouveau la hanche. Grâce à cet exercice, nous pouvons soutenir la hanche pour qu'elle se place à nouveau de façon optimale.

On voit l'importance de toujours ramener la hanche chez les animaux. Par exemple avec les chiens. Un chien se lève, puis il s'étire tout simplement. Un pied à l'arrière, puis l'autre pied à l'arrière ou les deux pieds avant à l'avant.

Les chevaux se lèvent d'abord avec les pieds avant, puis avec les pieds arrière. Les vaches se tiennent la tête en bas, d'abords avec leurs pattes arrière, puis avec leurs pattes avant.

Cela donne aux animaux la possibilité de corriger le sacrum, ce qui relâche les muscles et redresse la colonne vertébrale.

Toujours quand la colonne vertébrale est droite, on ne peut pas tomber malade. En général, les animaux ne sont pas malades.

C'est à dire, quand notre colonne vertébrale est droite et sans tension, nous devenons nous aussi en bonne santé et sans douleur. C'est tout simplement logique.

Nous, les humains, comme les animaux, n'avons pas cette possibilité. Au cours de l'évolution, il a probablement été perdu par le 'redressement'. Avec la SMT® nous avons trouvé un moyen de faire cette correction par deux exercices.

Je ne vous promets pas que vous serez immédiatement sans douleur, si vous faites ces exercices une fois, mais si vous faites ces exercices régulièrement tous les jours, vous vous sentirez mieux de jour en jour.

J'ai fait mes propres expériences.

Votre engagement et un peu de patience sont les choses les plus importantes dont vous avez besoin. Vous seul pouvez le faire.

Je ne peux que vous dire comment je fais cela quotidiennement pour moi et avec ma femme.

« *Le succès réside dans le fait d'avoir exactement les compétences qui sont nécessaire en ce moment* ». *(Citation: Henry Ford)*

Beaucoup de personnes m'ont demandé pourquoi je ne partageais pas mes connaissances, ne les écrivais pas ou ne les publiais pas dans les médias. Ils pensent que tout le monde est intéressé par ce genre d'exercices qui aident à réaligner notre corps et à le rendre indolore.

Explication

De chaque segment vertébral proviennent 4 nerfs, qui alimentent tous les organes : l cœur, les reins, le foie, l'estomac, les muscles, la peau etc.

Lorsque les muscles Piriformis et Obturatorius ne sont plus étirés, la tension dans les fesses augmente et le nerf sciatique est pincé (lumbago). La tension se poursuit dans le dos.

Notre musculature ressemble à une spirale. Elle se tire donc et tourne les vertèbres parfois à droite, parfois à gauche. Si cela se produit, les muscles pincent les nerfs au niveau des vertèbres et les organes ne sont plus correctement approvisionnés.

Un jour, il y a un dysfonctionnement d'un organe car l'approvisionnement n'est plus en règle et la personne tombe malade. Nous avons des maux de dos ou d'autres maladies.

La raison est simple:

Les hanches, qui dans de nombreuses positions glissent ou sont constamment tirées, ne peuvent pas revenir d'elles-mêmes à leur place d'origine et la tension est de plus en plus forte dans les fesses et dans le dos. Je ne peux vous parler que de moi.

Depuis que je fais cette correction tous les jours, je n'ai plus de mal de dos. Je peux faire toutes sortes de travaux, que ce soit rester debout longtemps, m'asseoir, soulever des objets lourds, me pencher, m'allonger par terre et me relever.

Tout cela je ne pouvais pas le faire il y a quelques années.

Je corrige maintenant mes hanches environ 100 fois par jour comme décrit, l'exercice prend peu de temps.

Un chien ou un autre animal ne me demande pas de m'étirer ou de me lever différemment....non, ils le font tout simplement! Seulement nous, les humains, qui ne le faisons pas, et pourquoi pas?

Personne ne dit pourquoi la douleur survient et comment s'en débarrasser.

Vous avez maintenant la possibilité de commencer,

MAINTENANT, parce que c'est le début d'une vie sans

douleurs.

Extrait du livre

« Les miracles prennent un peu plus de temps »

Par Dr. Michael Graulich. Margarethen Verlag, Ottobeuren. Première édition allemande 1996, 4ème édition révisionnel 2009, pages 142 et suivantes. .

Les muscles

Redressement et rectitude de la colonne vertébrale

3.2.6.1 Les relations physico-anatomiques pour le redressement et rectitude de la colonne vertébrale.

Avant de parler de la scoliose, de l'hypercyphose et de l'hyperlordose du point de vu de la SMT®, je dois m'occuper d'abord du redressement et le maintien de la position droite de l'homme.

On ne peut que s'étonner qu'une science, qui se considère comme une science naturelle, revendique de telles absurdités sur ces sujets. La doctrine de la médecine classique sur ce sujet est simplifiée mais va droit au but :

Que les muscles des personnes souffrant de changements ou de troubles de la colonne vertébrale sont trop faibles pour maintenir la colonne vertébrale droite. Pour redresser la colonne vertébrale et guérir les douleurs, il suffit d'entraîner et de renforcer ces muscles par le sport et la gymnastique, c'est-à-dire la musculation.

La doctrine de la médecine classique, selon laquelle la musculature maintient l'homme redressé et en position droite, est aussi fausse que la revendication, que la terre est un disque.

Comment peut-on expliquer exactement le redressement et la rectitude de la position droite, si les lois physiques statiques et les conditions anatomiques sont placées dans le bon contexte ?

Pour la statique de tout objet vertical, la condition de la fondation est d'une importance primordiale et déterminante.

Pour un bâtiment cela signifie, que si la fondation est inclinée, le bâtiment développera des fissures au sommet qui se s'étendront vers le bas au fil du temps. Cela est dû au fait que l'écart par rapport à la verticale au sommet d'un bâtiment est plusieurs fois plus important que dans les parties inférieures du bâtiment.

Bien sûr, les déviations en haut ont des effets statiques en bas, mais ceux-ci sont secondaires.

Quelles forces physiques et quels faits anatomiques jouent un rôle dans l'érection de l'être humain et sa rectitude en termes statiques ?

1. *La base de la colonne vertébrale est la partie supérieure du sacrum et donc le bassin.*
2. *Quand la base devient tordue, la colonne vertébrale qui repose sur elle et qui se redresse au-dessus d'elle devient également tordue*
3. *Les muscles du dos s'étendent de bas en haut en trois couches superposées.*
4. *Les muscles du dos sont attachés aux vertèbres et aux côtes adjacentes.*
5. *En raison de la course verticale des muscles du dos de bas en haut, ils développent une force de traction pour des raisons physico-anatomiques.*
6. *Grâce à cette force de traction, la personne est redressée, c'est-à-dire que les muscles du dos la tirent (de la position quadrupède) vers le haut en position verticale dans le dos.*

7. *Les muscles font partie du système musculo-squelettique et ont un degré élevé d'élasticité, car ils doivent s'étirer et se contracter à nouveau pendant le travail musculaire.*

8. *Il est impossible de créer, par un système élastique externe, une stabilité statique. On n'essaierait jamais de fixer un bâton en position verticale par des bandes élastiques, car tout le monde sait que les bandes se relâchent et le bâton tombe.*

9. *Ainsi, l'affirmation selon laquelle les muscles maintiennent une personne droite et en position verticale est fausse, car ils n'en sont pas capables en raison de leur élasticité. Au contraire, lorsque la force de traction générée par les muscles du dos augmente, la colonne vertébrale cède et devient tordue.*

10. *La posture droite est fonction de la colonne vertébrale, c'est pourquoi notre système squelettique est également appelé appareil de soutien.*

11. *La force physique de la posture verticale est une dissipation de la force de pression, causée par le poids du haut du corps et de la tête, qui se produit principalement via les articulations vertébrales (facettes) disposées verticalement et se supportant mutuellement, et secondairement via les corps vertébraux empilés les uns sur les autres.*

12. *Cependant, une dissipation sans problème de la force de pression n'est garantie que si la colonne vertébrale a ses oscillations physiologiques vers l'avant et vers l'arrière, mais n'est pas courbée latéralement, mais droite. Cela signifie que les articulations vertébrales (facettes) ne doivent pas s'écarter latéralement de la verticale, sinon elles perdent leur fonction de maintien.*

13. *Dans ce cas, la force de traction des muscles du dos et des abdominaux ne doit pas être trop élevée (les muscles du dos s'attachent à la colonne vertébrale), car si la force de traction est trop élevée, la colonne vertébrale cède et devient scoliotique, hypercyphotique et hyperlordotique. Dans le même temps, les vertèbres s'inclinent en position de rotation, ce qui provoque la segmentation de la scoliose.*
14. *Grâce à l'interaction de la force de traction par une tension physiologique de base (redressement) dans les muscles du dos et de la dissipation de la force de pression par la colonne vertébrale osseuse (posture verticale), l'être humain parvient à rester debout.*

Le résumé de ces 14 lois physico-anatomiques est le suivant:
a) *que le bassin humain doit être absolument droit.*
b) *qu'il ne doit pas y avoir plus de tension et donc force de traction dans la musculature du dos que la tension de base physiologiquement nécessaire (tonus de base) qui est différente pour chaque personne en fonction de sa taille et de son poids.*
c) *Que la colonne vertébrale osseuse doit être droite pour maintenir la personne debout. Elle ne doit pas être scoliotique, hypercyphotique ou hyperlordotique.*

3.2.6.2 Les différentes causes de l'augmentation de la tension dans les muscles du dos

Au début de ce chapitre, je dois parler d'une autre loi fodamentale cette fois physiologique, qui, à ma connaissance, n'a jamais été définie de cette façon.

Lorsqu'un nerf est stimulé (que ce soit par un stimulus mécanique, thermique ou chimique), les muscles, les tendons et les ligaments fournis par ce nerf se tendent.

Les tensions musculaires provoquées par des nerfs endommagés peuvent se transformer en spasticité

Tant que la tension ou la spasticité est présente, le nerf est plus ou moins gravement endommagé, mais il est vivant et n'est pas mort.

Si le nerf est mort ou décédé, une fibromyalgie se développe.

Le plus grand problème de tous est qu'au cours de la vie, de plus en plus de tensions se créent dans la musculature du corps tout entier.

Au cours du processus de vieillissement, le tonus de base, c'est-à-dire la tension de base dans l'ensemble des muscles du corps (striés et lisses) augmente. Cette augmentation de la tension se produit à différentes vitesses et à différents degrés chez différentes personnes.

Je considère ce processus comme l'expression réelle du vieillissement. Je ne peux pas expliquer comment et par quoi se produit une augmentation de la tension musculaire de base, et j'aime laisser cela aux scientifiques qui étudient les processus de vieillissement et leurs antécédents.

La conséquence en est qu'il,

Avec l'âge, elle exige un effort de plus en plus important pour éviter les dommages aux articulations et à la colonne vertébrale et/ou un effort thérapeutique plus important pour remettre de l'ordre dans les articulations et la colonne vertébrale.

Le stress mental augmente la tension dans les muscles striés, mais aussi lisses. Le contexte de ce mécanisme est que de nombreux médecins considèrent qu'un psychisme stressé ou perturbé est à l'origine des syndromes de la douleur, mais aussi d'autres maladies. Un psychisme malade aggrave la douleur et d'autres maladies, mais n'en est pas la cause réelle.

Il n'y a pas de maladie déclenchée psychologiquement sans découvertes organiques. Ne pas connaître la cause première et fondamentale d'une maladie ou d'une douleur ne justifie pas l'affirmation qu'elle n'existe pas.

La cause générale de la douleur et de la maladie est toujours à rechercher dans les découvertes causées par des lésions dues à des piégeages de nerfs dans les articulations et la colonne vertébrale.

Même si un traumatisme psychologique peut être identifié comme la cause d'une douleur ou d'une maladie, ces affections sont causées par une augmentation de la tension dans les muscles du corps déclenchée par un traumatisme psychologique.

Ainsi les lésions augmentent aux articulations et à la colonne vertébrale à cause des nerfs coincés.

Ce processus entraîne à son tour des syndromes de douleur et des maladies.

Il n'y a pas de remède contre le vieillissement, même si la société rend volontiers hommage au « dieu antivieillissement », « ne t'inquiète pas, sois heureux » ne fonctionne pas non plus dans la vie quotidienne, comme nous, les hommes aimeraient bien croire. Mais de garder la fonctionnement des articulations et de la colonne vertébrale ou de les guérir après une lésion est possible à tout le monde.

Avec la SMT®, l'être humain a un moyen à sa disposition pour éviter et/ou guérir les maladies.

L'être humain n'est donc pas exposé à son sort de manière impuissante.

Je remercie le Dr. Michael Graulich, qu'il m'a donné l'occasion d'apprendre la SMT. J'ai déjà pu aider de nombreuses personnes à soulager leurs maux de dos, grâce à mes informations et en leur montrant comment faire les exercices.

Nous pouvons nous aider nous-mêmes, mais nous devons commencer à les faire. Toute personne qui a deux bras et deux jambes peut faire ces deux exercices.

Ce petit livre devrait vous aider à les faire tous les jours et ainsi à corriger votre hanche et votre sacrum. Plus vous faites ces exercices, moins vous avez mal et mieux vous pouvez bouger.

Je ne peux faire aucune promesse de guérison, je n'ai pas souffert pendant des années et j'ai pu aider de nombreuses personnes avec mes informations.

Tout d'abord, il est important de rétablir les muscles Piriformis et Obturatorius au niveau qu'ils avaient à l'origine, afin que les muscles des fesses puissent se relâcher à nouveau. Les fesses sont l'une des parties les plus importantes de notre corps, elles doivent toujours être relâchées, car un muscle tendu ne peut pas fonctionner correctement.

Tout le monde connaît cela, lorsque les muscles du cou sont tendus, on ne peut pas bouger la tête correctement. Un muscle détendu et relâché est l'optimum.

Le premier exercice permet de relâcher les muscles

Soulevez une jambe à 90°, légèrement sur le côté, appuyez maintenant sur la cuisse comme décrit sur les photos et après un petit mouvement vers l'extérieur, remettez la jambe en place à côté du pied. Faites de même avec l'autre jambe, à 90°, appuyez-la contre la cuisse et posez-la comme décrit. Cet exercice doit être fait plusieurs fois par jour, car il apporte une détente.

Allongé sur le dos:

Cet exercice peut également être fait en position allongée. Il est important de faire l'exercice au lit le soir, afin que les deux muscles Piriformis et Obturatorius puissent se détendre. L'exercice doit également être fait au lit le matin. Le matin est très important, parce que le soir, on se retourne et on pousse les hanches vers l'extérieur. Des tensions peuvent survenir. Mais si vous faites l'exercice 4 à 5 fois le soir et le matin au lit, vous pouvez faire disparaître la tension.

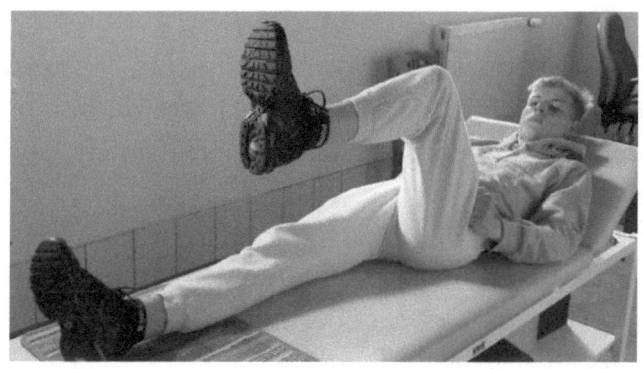

Le processus est le même que si on le faisait étant debout. Vous pliez une jambe à 90°, jusqu'à ce que la cuisse et le tronc forment un angle droit. Vous mettez votre poing contre la cuisse, comme sur la photo, mais seulement lorsque la jambe est à nouveau abaissée (poing contre la couture du pantalon, bras aussi longs que possible) vous appuyez sur la cuisse, tout en posant la jambe avec un léger mouvement d'arc. Assurez-vous que vous appuyez avec votre poing sur votre cuisse jusqu'à ce que la jambe d'exercice soit à côté de l'autre.

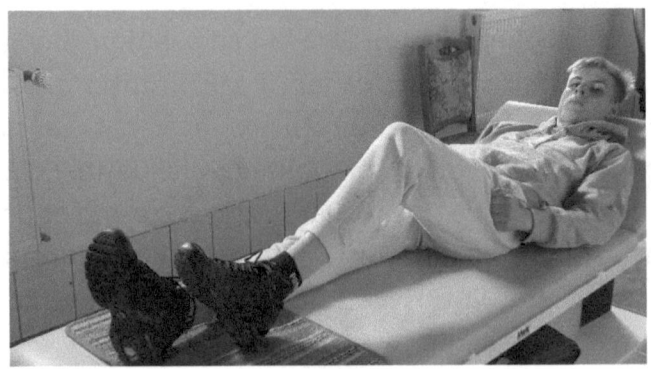

Effectué tous les jours au lit avant de dormir, cet exercice est particulièrement efficace, parce que la tête du fémur repose pendant toute la nuit dans la cotyle et les ligaments peuvent se régénérer.

Cette efficacité est également obtenue le matin avant de se lever. Si l'exercice est fait régulièrement 4 à 5 fois au lit, vous pouvez vous lever sans douleur après peu de temps. Les exercices au lit ne vous libèrent pas des autres exercices quotidiens, ils vous aident seulement à relâcher la tension dans votre corps.

Le deuxième exercice

La correction du sacrum est en fait un peu plus difficile. Mais la solution la plus efficace est de travailler avec une balle de tennis ou une balle en caoutchouc posée sur un cadre de porte

Comme dans les photos.

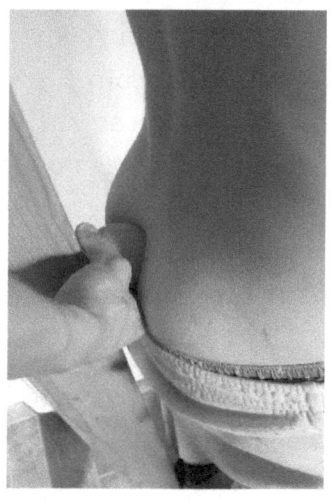 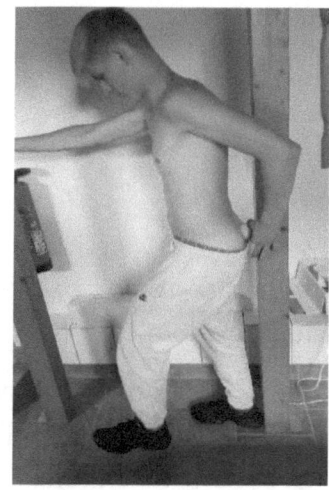

Vous vous tenez debout avec les fesses contre un cadre, vous tenez une balle de tennis au début du pli des fesses, comme décrit sur les photos, et vous oscillez d'avant en arrière avec une jambe 30 fois, puis l'autre jambe 30 fois. Si vous n'avez pas une balle à portée de main, vous pouvez également appuyer une moitié de vos fesses contre le cadre et déplacer une jambe d'avant en arrière 30 fois, puis l'autre jambe.

Il faut changer les côtés 3 fois, de façon à bouger chaque jambe 90 fois.

Bougez la jambe droite 90 fois le matin et 90 fois le soir et la jambe gauche 90 fois. Ensuite, il faut corriger la hanche deux ou trois fois comme décrit, car la hanche glisse à nouveau lorsque la jambe se balance.

Si vous ne pouvez pas balancer votre jambe 90 fois au début, vous devez commencer avec 30 balançoires par jambe et répartir les exercices sur la journée. Au bout d'une heure ou de deux heures, faites pivoter chaque jambe 30 fois dans le cadre de la porte. 90 mouvements par jour devraient être un minimum pour réussir.

Pendant les 6 à 8 premières semaines, 90 à 180 fois par jour, il faut déplacer une jambe dans le cadre de la porte, puis l'autre, avec ou sans ballon.

La correction est très importante, car les muscles ont besoin d'environ 6 à 8 semaines ou plus, pour se modifier.

Ces deux exercices peuvent changer votre vie, il suffit de commencer.

Je fais ces exercices tous les jours, je suis en bonne santé et je n'ai plus de douleurs. Comme déjà décrit, je ne prends rien en considération dans ma vie quotidienne. Si elle pince quelque part, je fais les exercices plus intensément.

Je dois le rappeler plus souvent à ma femme, car si vous vous sentez bien, il est facile d'oublier les exercices. C'est ainsi que nous, les humains, sommes. Et cela ne prend vraiment pas beaucoup de temps

Je vous souhaite beaucoup de succès.

Ces exercices sont également très importants pour la prévention, avant et après chaque sport, vous n'avez pas à avoir mal au dos.

Les exercices un et deux décrits à nouveau

Les deux exercices

Correction de la hanche et de la longueur des jambes

L'exercice doit être effectué en position couchée sur le dos ou debout.

a) Debout

Levez une jambe en biais jusqu'à ce que sa cuisse soit à peu près horizontale. Maintenant, appuyez votre poing contre la cuisse comme décrit sur les photos.

Déplacez la jambe un peu vers l'extérieur et placez la jambe sur le sol à nouveau à côté de l'autre, de sorte que le pied décrit un petit arc, comme en vélo, jusqu'à ce qu'il soit à nouveau à côté de l'autre pied. Cet exercice est particulièrement recommandé avant et après avoir conduit une voiture et après être resté assis longtemps. Dans les cas difficiles, faites-le toujours après d'être longtemps assis.

b) Couché sur le dos

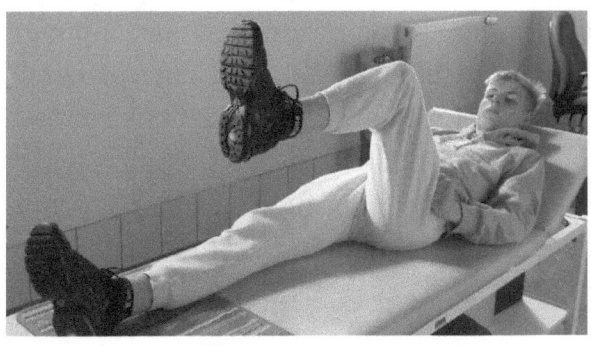

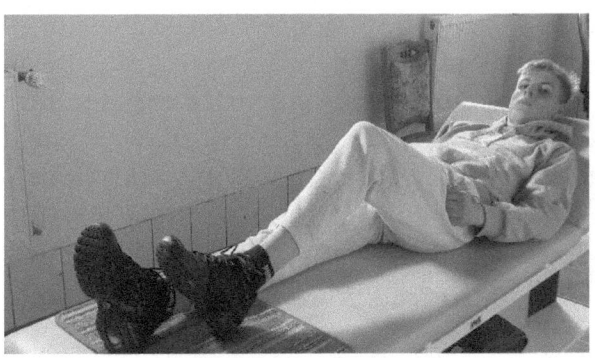

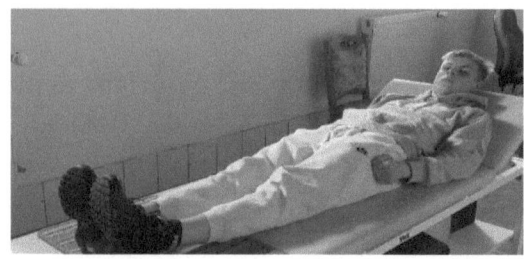

Comme décrit dans les photos

Les mouvements en position couchée sont les mêmes qu'en position debout. Vous pliez une jambe, jusqu'à ce que la cuisse et le tronc forment un angle droit. Vous appuyez le poing contre la jambe, comme sur les photos. Vous placez votre poing contre la cuisse, comme sur les photos. Mais ce n'est que lorsque la jambe est à nouveau abaissée (le poing à la couture du pantalon, les bras aussi longs qu'ils le sont) que vous appuyez sur la partie supérieure de la jambe, tout en l'allongeant avec un léger mouvement d'arc.

Veillez à appuyer avec votre poing sur votre cuisse jusqu'à ce qu'une jambe d'exercice soit à côté de l'autre.

Cet exercice est particulièrement efficace s'il est pratiqué quotidiennement au lit avant d'aller dormir, car la tête de la cuisse est alors dans l'alvéole de la hanche toute la nuit et les ligaments peuvent se régénérer. Cette efficacité est également obtenue le matin avant de se lever. Comme vous vous tournez la nuit, vous devez également faire cet exercice le matin, environ 4 fois à droite et à gauche en alternance (droite ; gauche, droite, gauche, droite, ...).

Correction du sacrum

Appuyez une moitié de vos fesses contre le cadre de la porte, avec vos mains contre l'autre cadre de la porte pour exercer une pression sur le sacrum, puis commencez à balancer la jambe d'avant en arrière 30 fois.

Puis, tournez-vous et faites pivoter l'autre jambe d'avant en arrière 30 fois. Cet exercice doit être répété 3 fois, de sorte que vous ayez bougé votre jambe 90 fois, tous les jours, matin et soir.

Après cet exercice (correction du sacrum) il faut corriger la hanche, comme décrit, premier exercice.

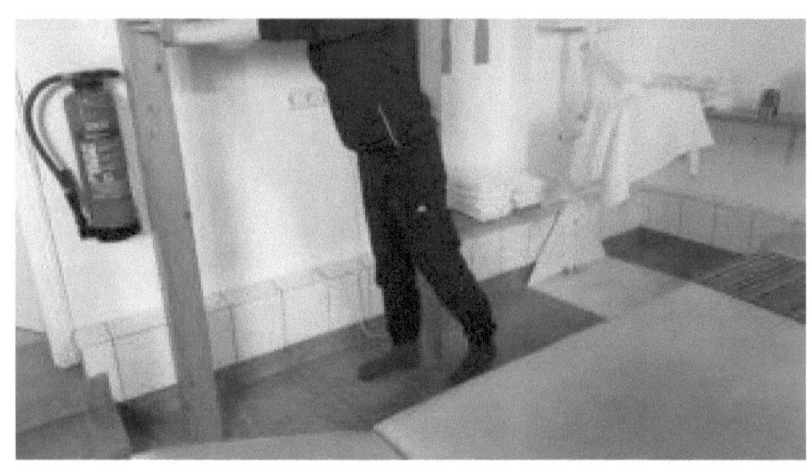

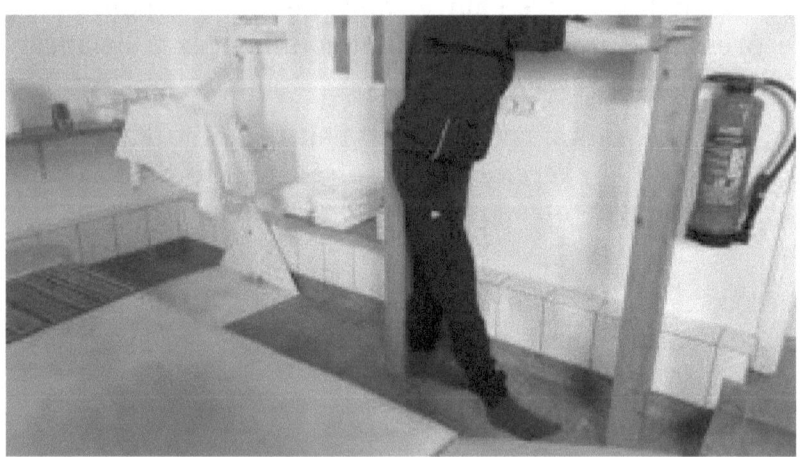

FSC
www.fsc.org
MIX
Papier | Fördert
gute Waldnutzung
FSC® C083411

Zeitfracht Medien GmbH
Ferdinand-Jühlke-Straße 7
99095 Erfurt, Deutschland
produktsicherheit@kolibri360.de